The Brave Little Frog: Bilingual Norwegian-English Short Stories for Kids

Coledown Bilingual Books

Published by Coledown Bilingual Books, 2023.

THE BRAVE LITTLE FROG: BILINGUAL NORWEGIAN-ENGLISH SHORT STORIES FOR KIDS

First edition. September 9, 2023.

Copyright © 2023 Coledown Bilingual Books.

ISBN: 979-8223337010

Written by Coledown Bilingual Books.

Table of Contents

Eventyret om Den Magiske Skogen

Det var en gang en liten jente ved navn Sara som bodde i en liten landsby i nærheten av en mystisk skog. Denne skogen ble kalt "Den Magiske Skogen" fordi den var full av eventyr og hemmeligheter.

En solrik sommerdag bestemte Sara seg for å utforske skogen. Hun hadde hørt historier om at skogen var befolket av snakkende dyr og magiske skapninger. Så hun tok med seg en kurv med mat og satte kursen mot skogen.

Sara vandret dypt inn i skogen og snart hørte hun små stemmer som hvisket i vinden. Hun fulgte lyden og oppdaget en gruppe snakkende ekorn som satt i et tre. Ekornene ønsket henne velkommen og inviterte henne til å bli med på et eventyr.

Sammen med ekornene, gikk Sara dypere inn i skogen og oppdaget en skjult innsjø omringet av glitrende blomster. I innsjøen bodde en vakker svane som kunne synge de vakreste melodier. Sara og ekornene satt ved innsjøen og lyttet til den fortryllende musikken.

Etterpå tok ekornene henne med til en liten hytte hvor en vennlig alv bodde. Alven tryllet frem de deiligste kaker og historier om gamle dager. Sara lo og lo mens hun delte kaker med sine nye venner.

Dagen gikk fort, og solen begynte å gå ned. Sara takket ekornene og alven for det fantastiske eventyret og begynte å gå tilbake til landsbyen. Men før hun dro, sa ekornene: "Du er alltid velkommen tilbake til Den Magiske Skogen, Sara. Vi vil alltid være her for å dele eventyr med deg."

Sara smilte og lovte å komme tilbake snart. Og så gikk hun hjem til landsbyen, lykkelig og full av minner fra sitt magiske eventyr i Den Magiske Skogen.

The Adventure of The Magical Forest

Once upon a time, there was a little girl named Sara who lived in a small village near a mysterious forest. This forest was called "The Magical Forest" because it was full of adventures and secrets.

One sunny summer day, Sara decided to explore the forest. She had heard stories that the forest was inhabited by talking animals and magical creatures. So, she packed a basket of food and set off towards the forest.

Sara wandered deep into the forest, and soon, she heard faint voices whispering in the wind. She followed the sound and discovered a group of talking squirrels perched in a tree. The squirrels welcomed her and invited her to join in on an adventure.

Together with the squirrels, Sara ventured further into the forest and stumbled upon a hidden lake surrounded by glistening flowers. In the lake lived a beautiful swan that could sing the most enchanting melodies. Sara and the squirrels sat by the lake, listening to the mesmerizing music.

Afterward, the squirrels led her to a small cottage where a friendly elf lived. The elf conjured the most delicious cakes and shared stories of days gone by. Sara laughed and shared cakes with her new friends.

The day passed quickly, and the sun began to set. Sara thanked the squirrels and the elf for the wonderful adventure and started her journey back to the village. But before she left, the squirrels said, "You're always welcome back to The Magical Forest, Sara. We'll always be here to share adventures with you."

Sara smiled and promised to return soon. And so, she went back to the village, happy and full of memories from her magical adventure in The Magical Forest.

Den Tapre Lille Dragen

I en fjern dal, omgitt av majestetiske fjell, bodde det en ensom liten drage ved navn Drako. Drako var ikke som de andre drager i dalen. Han var liten og tynn, og han kunne ikke puste ild som de store dragen. Dette gjorde Drako trist.

En dag, mens Drako satt på en høy klippe og så på de andre dragen som lekte med ild, bestemte han seg for å finne ut hva som gjorde ham spesiell. Han la ut på en reise gjennom dalen, og underveis møtte han mange forskjellige skapninger som hjalp ham med å forstå seg selv bedre.

Først møtte han en gammel vis mann som sa: "Det er ikke størrelsen som betyr noe, Drako. Det er hjertet ditt og hva du gjør med det som gjør deg spesiell." Drako nikket og takket mannen før han fortsatte sin reise.

Så møtte han en klok ugle som lærte ham om visdom og kunnskap. Uglens ord inspirerte Drako til å begynne å lese og studere, og han ble snart en av de mest kunnskapsrike skapningene i dalen.

På sin reise reddet han en skadet fugl, og i takknemlighet for hans godhet, ga fuglen ham en magisk perle. Denne perlen ga Drako muligheten til å puste ut vakre farger i stedet for ild. Han innså at han hadde en unik gave.

Da Drako vendte tilbake til dalen, ble han møtt med nysgjerrige blikk fra de andre dragen. Men i stedet for å føle seg trist, fløy

Drako opp i luften og begynte å puste ut fargerike skyer som skapte en fantastisk regnbue over dalen.

De andre dragen var imponert og klappet for Drako. Han hadde funnet sin egen unike kraft, og han forsto nå at det var det som gjorde ham spesiell.

Så, hver gang noen trengte en regnbue for å bringe glede til dalen, var det Drako som kom til unnsetning. Han var ikke lenger ensom, for han hadde funnet sitt formål og sin plass i dalen.

The Brave Little Dragon

In a distant valley, surrounded by majestic mountains, there lived a lonely little dragon named Drako. Drako was not like the other dragons in the valley. He was small and thin, and he couldn't breathe fire like the big dragons. This made Drako sad.

One day, while Drako sat on a high cliff watching the other dragons play with fire, he decided to find out what made him special. He set off on a journey through the valley, and along the way, he met many different creatures who helped him understand himself better.

First, he met an old wise man who said, "It's not the size that matters, Drako. It's your heart and what you do with it that makes you special." Drako nodded and thanked the man before continuing his journey.

Then, he met a wise owl who taught him about wisdom and knowledge. The owl's words inspired Drako to start reading and studying, and he soon became one of the most knowledgeable creatures in the valley.

On his journey, he rescued an injured bird, and in gratitude for his kindness, the bird gave him a magical pearl. This pearl gave Drako the ability to breathe out beautiful colors instead of fire. He realized he had a unique gift.

When Drako returned to the valley, he was met with curious looks from the other dragons. But instead of feeling sad, Drako flew up into the sky and began to breathe out colorful clouds that created a fantastic rainbow over the valley.

The other dragons were impressed and applauded for Drako. He had found his own unique power, and he now understood that it was what made him special.

So, whenever someone needed a rainbow to bring joy to the valley, it was Drako who came to the rescue. He was no longer lonely, for he had found his purpose and his place in the valley.

Den Magiske Regnbuesteinen

———

I en bortgjemt landsby, omringet av frodige skoger, levde en ung jente ved navn Lina. Lina var nysgjerrig og eventyrlysten, og hun drømte om å finne noe helt spesielt. En dag hørte hun rykter om en magisk regnbuestein som skulle ligge skjult i de mystiske Skoglandene, langt unna.

Lina bestemte seg for å begi seg ut på en reise for å finne denne magiske steinen. Hun pakket en liten veske med mat, vann og en kompass, og la i vei gjennom de tette skogene. Etter flere dager med utforskning, kom hun til en glitrende elv som hun aldri hadde sett maken til. Der møtte hun en vennlig alv ved navn Alvara.

Alvara hadde hørt om Lina's søken etter den magiske regnbuesteinen og tilbød seg å hjelpe henne. Sammen gikk de dypere inn i Skoglandene, hvor trærne hadde blader i alle regnbuens farger og fuglene sang som om de fulgte en usynlig rytme.

På sin reise møtte de en snakkende rev, en vennlig enhjørning og til og med en morsom skogsgnom. Hver av disse skapningene ga Lina små gaver som skulle hjelpe henne i jakten på den magiske steinen.

Til slutt, etter mange eventyr og utfordringer, kom Lina og Alvara til en skjult dal badet i det myke lyset fra en regnbue. Der, under en glitrende foss, fant de den magiske regnbuesteinen.

Den var vakrere enn Lina noen gang hadde forestilt seg, og den strålte i alle farger av regnbuen.

Med steinen trygt i hendene vendte Lina og Alvara tilbake til landsbyen, hvor de delte historiene om sine eventyr og viste frem den magiske regnbuesteinen. Landsbyen ble fylt med glede og håp, og folk begynte å tro at magi virkelig fantes.

Fra den dagen ble Lina kjent som "Steinfinneren," og hun lærte landsbyen at den virkelige skatten i livet ligger i eventyrene og vennskapene man deler underveis.

The Magical Rainbow Stone

In a secluded village, surrounded by lush forests, lived a young girl named Lina. Lina was curious and adventurous, and she dreamed of finding something truly special. One day, she heard rumors of a magical rainbow stone hidden deep in the mysterious Woodlands, far away.

Lina decided to embark on a journey to find this magical stone. She packed a small bag with food, water, and a compass and set off through the dense forests. After several days of exploration, she came upon a sparkling river unlike any she had ever seen. There, she met a friendly elf named Alvara.

Alvara had heard of Lina's quest for the magical rainbow stone and offered to help her. Together, they ventured deeper into the Woodlands, where the trees had leaves in every color of the rainbow, and the birds sang as if following an invisible rhythm.

On their journey, they encountered a talking fox, a friendly unicorn, and even a playful forest gnome. Each of these creatures gave Lina small gifts to aid her in her quest for the magical stone.

Finally, after many adventures and challenges, Lina and Alvara arrived in a hidden valley bathed in the soft light of a rainbow. There, beneath a sparkling waterfall, they found the magical rainbow stone. It was more beautiful than Lina had ever imagined, shining in all the colors of the rainbow.

With the stone safely in her hands, Lina and Alvara returned to the village, where they shared the stories of their adventures and displayed the magical rainbow stone. The village was filled with joy and hope, and people began to believe that magic truly existed.

From that day on, Lina became known as the "Stonefinder," and she taught the village that the real treasure in life lies in the adventures and friendships we share along the way.

Den Lille Stjerneskuddet

———

Langt, langt borte i det uendelige universet, var det en liten stjerne som het Stella. Stella var ikke som de andre stjernene på himmelen. Hun var mye mindre og ikke like skinnende. Dette fikk henne til å føle seg trist og ubetydelig.

En natt, mens Stella glitret forsiktig i himmelen, la hun merke til et strålende stjerneskudd som falt gjennom nattens mørke. Hun ble fascinert av stjerneskuddets skjønnhet og ønsket seg sterkt å være som det.

Stella bestemte seg for å følge stjerneskuddet. Hun tente på sin egen lille stjerneskin for å lyse veien. På sin reise gjennom det kosmiske rommet møtte hun mange andre stjerner og planeter som undret seg over hvor hun var på vei.

Stella forklarte sitt ønske om å være som stjerneskuddet og føle seg spesiell. De andre stjernene og planetene smilte og ga henne oppmuntring. De sa: "Du er allerede spesiell, Stella, fordi du er deg selv."

Etter en lang reise kom Stella til stjerneskuddet og spurte: "Hvordan kan jeg bli som deg?" Stjerneskuddet svarte: "Du er allerede unik, Stella. Men hvis du vil skinne litt sterkere, må du tro på deg selv."

Stella forstod nå at hun alltid hadde vært spesiell på sin egen måte. Hun lærte å akseptere seg selv og skinte lysere enn noen gang før. Hun fortsatte å glitre i himmelen sammen med de andre stjernene, og hennes lys ble kjent for sin varme og kjærlighet.

Så hver gang noen så opp på himmelen og så på Stella, følte de seg glade og inspirerte. Hun hadde funnet sin egen stjerneglans og visste at hun alltid ville være spesiell akkurat som hun var.

The Little Shooting Star

———

Far, far away in the endless universe, there was a little star named Stella. Stella was not like the other stars in the sky. She was much smaller and not as bright. This made her feel sad and insignificant.

One night, while Stella was gently twinkling in the sky, she noticed a brilliant shooting star streaking through the dark of the night. She was fascinated by the beauty of the shooting star and wished strongly to be like it.

Stella decided to follow the shooting star. She lit her own little starlight to guide her way. On her journey through the cosmic space, she met many other stars and planets who wondered where she was headed.

Stella explained her desire to be like the shooting star and feel special. The other stars and planets smiled and encouraged her. They said, "You are already special, Stella, because you are yourself."

After a long journey, Stella reached the shooting star and asked, "How can I become like you?" The shooting star replied, "You are already unique, Stella. But if you want to shine a little brighter, you must believe in yourself."

Stella now understood that she had always been special in her own way. She learned to accept herself and shone brighter than ever before. She continued to twinkle in the sky alongside the other stars, and her light became known for its warmth and love.

So every time someone looked up at the sky and saw Stella, they felt happy and inspired. She had found her own starry glow and knew that she would always be special just the way she was.

Den Modige Lille Frosken

I en frodig skog ved siden av en glitrende dam bodde en liten frosk ved navn Felix. Felix var annerledes enn de andre froskene. Han hadde en uvanlig farge på huden sin, en vakker blåfarge som skilte ham fra resten av froskeflokken. Dette fikk ham til å føle seg utenfor og ensom.

En dag kom det en stor regnbyge som fylte dammen med vann. Da natten falt på, hørte Felix lyder som han aldri hadde hørt før. Det var en vakker symfoni av kvakkende fra tusenvis av frosker som var kommet til dammen for å feire regnet. Felix ville så gjerne være en del av dette, men han turte ikke å delta på grunn av sin uvanlige farge.

Men som natten gikk, følte Felix en dyp lengsel etter å være en del av fellesskapet. Han bestemte seg for å overvinne sin frykt og gå ned til dammen. Da han gjorde det, la han merke til at de andre froskene så på ham med nysgjerrighet og smilte til ham.

Felix begynte å kvakke sammen med de andre froskene, og til hans overraskelse oppdaget han at hans blå kvakk var helt unik. Det la til en ny dimensjon i den magiske symfonien av lyder. De andre froskene begynte å synge enda høyere og mer lidenskapelig, og dammen vibrerte med lykke.

Natten ble til morgen, og solen steg opp over skogen. Felix hadde overvunnet sin frykt og hadde funnet sitt sted i fellesskapet. De andre froskene hadde også lært at det er viktig å akseptere og feire hverandres forskjeller.

Fra den dagen var Felix kjent som "Den Modige Lille Frosken," og han var elsket og respektert av alle i dammen. Sammen fortsatte de å synge sin vakre symfoni og minnet hverandre om at det er våre forskjeller som gjør verden til et fargerikt og fantastisk sted.

The Brave Little Frog

In a lush forest next to a sparkling pond lived a little frog named Felix. Felix was different from the other frogs. He had an unusual color on his skin, a beautiful shade of blue that set him apart from the rest of the frog community. This made him feel like an outsider and lonely.

One day, a heavy rain shower filled the pond with water. As night fell, Felix heard sounds he had never heard before. It was a beautiful symphony of croaking from thousands of frogs that had come to the pond to celebrate the rain. Felix longed to be a part of this, but he was too afraid to join in because of his unusual color.

However, as the night went on, Felix felt a deep longing to be a part of the community. He decided to overcome his fear and went down to the pond. As he did, he noticed that the other frogs looked at him with curiosity and smiled at him.

Felix started croaking along with the other frogs, and to his surprise, he discovered that his blue croak was entirely unique. It added a new dimension to the magical symphony of sounds. The other frogs began to sing even louder and more passionately, and the pond vibrated with happiness.

The night turned into morning, and the sun rose over the forest. Felix had conquered his fear and found his place in the community. The other frogs had also learned that it's important to accept and celebrate each other's differences.

From that day on, Felix was known as "The Brave Little Frog," and he was loved and respected by everyone in the pond. Together, they continued to sing their beautiful symphony, reminding each other that it's our differences that make the world a colorful and wonderful place.

Den Magiske Kattungen

———

I en gammel landsby, omgitt av tette skoger, levde en ung jente ved navn Emily. Emily var kjent i landsbyen for å elske dyr og natur. En dag, mens hun utforsket skogen, kom hun over en liten, ensom kattunge. Kattungen var ikke som de andre kattene i landsbyen. Den hadde pels i alle farger av regnbuen og mystiske øyne som glitret som stjerner.

Emily bestemte seg for å ta vare på kattungen og kalte den Rainbow. Hun skjønte snart at Rainbow var spesiell, for hun kunne utføre magi. Hver gang Rainbow dyttet nesen sin mot noe, skjedde det fantastiske ting. Blomster blomstret, trærne danset, og vannet ble til glitrende stjerner.

Nyheten om den magiske kattungen spredte seg raskt i landsbyen, og folk strømmet til for å se Rainbows magiske krefter. Alle ble sjarmert av kattungens skjønnhet og talent.

Men en dag kom en ond trollmann til landsbyen. Han ønsket å stjele Rainbow og bruke hennes krefter for sitt eget onde formål. Emily og landsbyens folk visste at de måtte beskytte Rainbow for enhver pris.

Sammen laget de en plan. Emily satte Rainbow på ryggen sin, og sammen med landsbyens folk dro de til trollmannens trolske tårn. Det var en farlig reise, men Emily og Rainbow hadde venner som støttet dem.

Da de nådde tårnet, sto trollmannen klar til å ta Rainbow med makt. Men før han kunne gjøre det, dyttet Rainbow nesen sin mot trollmannen. En glitrende regnbue av lys omsluttet ham, og han ble forvandlet til en snill gammel mann.

Trollmannen hadde lært en viktig leksjon om vennskap og kjærlighet, og han lovet å bruke sine krefter for gode formål. Landsbyen var trygg, og Rainbow ble elsket mer enn noen gang.

Emily og Rainbow fortsatte å utforske skogen og spre glede og magi overalt de gikk. De visste at ekte skjønnhet lå i hjertet, og at ekte vennskap kunne forvandle selv det mest onde til det mest gode.

The Magical Kitten

In an old village, surrounded by dense forests, lived a young girl named Emily. Emily was known in the village for her love of animals and nature. One day, while exploring the forest, she came across a small, lonely kitten. The kitten was not like the other cats in the village. Its fur was in all the colors of the rainbow, and it had mysterious eyes that sparkled like stars.

Emily decided to take care of the kitten and named it Rainbow. She soon realized that Rainbow was special because she could perform magic. Every time Rainbow nudged something with her nose, marvelous things happened. Flowers bloomed, trees danced, and water turned into sparkling stars.

The news of the magical kitten spread quickly in the village, and people flocked to see Rainbow's magical powers. Everyone was charmed by the kitten's beauty and talent.

But one day, an evil wizard arrived in the village. He wanted to steal Rainbow and use her powers for his own wicked purposes. Emily and the villagers knew they had to protect Rainbow at any cost.

Together, they devised a plan. Emily placed Rainbow on her back, and along with the villagers, they journeyed to the wizard's enchanting tower. It was a perilous journey, but Emily and Rainbow had friends who supported them.

When they reached the tower, the wizard was ready to take Rainbow by force. But before he could do so, Rainbow nudged him with her nose. A sparkling rainbow of light surrounded him, and he transformed into a kind old man.

The wizard had learned an important lesson about friendship and love, and he promised to use his powers for good purposes. The village was safe, and Rainbow was loved more than ever.

Emily and Rainbow continued to explore the forest and spread joy and magic wherever they went. They knew that true beauty lay in the heart and that true friendship could transform even the most evil into the most good.

Den Magiske Bokhandelen

I en rolig gate i en sjarmerende liten by lå en bokhandel som het "Magiens Ord." Denne bokhandelen var annerledes enn alle andre. Eieren, en eldre kvinne ved navn Eliza, hadde en hemmelig samling av bøker som var tryllet og fulle av magi.

En dag kom en ung jente ved navn Emma til byen. Hun hadde alltid elsket bøker og hadde hørt om ryktene om den magiske bokhandelen. Emma gikk inn i butikken og ble møtt av Eliza, som smilte lurt.

Eliza sa: "Velkommen til 'Magiens Ord.' Her finner du bøker som kan ta deg med på eventyr du aldri har drømt om." Emma var nysgjerrig og ba om å se noen av de magiske bøkene.

Eliza førte henne til en bokhylle og plukket ut en bok med en gnistrende omslag. "Denne boken," sa hun, "kan føre deg til en verden av drager og alver, hvis du tør å lese den med hjertet ditt." Emma åpnet boken og ble umiddelbart trukket inn i en fantastisk verden av magi og skapninger.

Dagen gikk, og Emma leste flere av de magiske bøkene i butikken. Hun reiste gjennom tidsportaler, lærte magi fra gamle trollmenn og ble venner med eventyrlige vesener. Eliza viste seg å være en mentor og venn som veiledet henne gjennom disse fantastiske opplevelsene.

Men en dag kom en skurk til byen. Han hørte om de magiske bøkene og ønsket å stjele dem for sin egen vinning. Han brøt seg inn i butikken og truet med å ta bøkene.

Nettopp da kom Emma tilbake fra en magisk reise. Hun brukte den magien hun hadde lært fra bøkene til å stoppe skurken og sende ham på en ufarlig reise til en verden der han kunne lære å forandre seg til det bedre.

Eliza var stolt av Emma og ga henne en spesiell bok som takk for at hun hadde beskyttet de magiske bøkene. Boken var tom, og Eliza sa: "Nå kan du skrive din egen historie, Emma, og la den være like magisk som bøkene du har lest."

Fra den dagen ble Emma eieren av "Magiens Ord," og hun delte magien og eventyrene med alle som besøkte bokhandelen. Sammen med Eliza, som fortsatte å være hennes mentor, sørget de for at magien i bøkene aldri ville ende.

The Magical Bookstore

In a quiet street in a charming little town stood a bookstore called "Words of Magic." This bookstore was unlike any other. The owner, an elderly woman named Eliza, had a secret collection of books that were enchanted and filled with magic.

One day, a young girl named Emma came to the town. She had always loved books and had heard rumors about the magical bookstore. Emma entered the shop and was greeted by Eliza, who smiled knowingly.

Eliza said, "Welcome to 'Words of Magic.' Here, you will find books that can take you on adventures you've never dreamed of." Emma was curious and asked to see some of the magical books.

Eliza led her to a bookshelf and picked out a book with a sparkling cover. "This book," she said, "can take you to a world of dragons and elves, if you dare to read it with your heart." Emma opened the book and was immediately drawn into a fantastic world of magic and creatures.

The day went by, and Emma read several of the magical books in the store. She traveled through time portals, learned magic from ancient wizards, and made friends with fantastical beings. Eliza proved to be a mentor and friend, guiding her through these amazing experiences.

But one day, a villain came to the town. He had heard about the magical books and wanted to steal them for his own gain. He broke into the store and threatened to take the books.

Just then, Emma returned from a magical journey. She used the magic she had learned from the books to stop the villain and sent him on a harmless journey to a world where he could learn to change for the better.

Eliza was proud of Emma and gave her a special book as a thank-you for protecting the magical books. The book was blank, and Eliza said, "Now you can write your own story, Emma, and make it as magical as the books you've read."

From that day on, Emma became the owner of "Words of Magic," and she shared the magic and adventures with everyone who visited the bookstore. Together with Eliza, who continued to be her mentor, they ensured that the magic in the books would never end.

Kaptein Sverre og Skatten på Sjørøverøya

På en avsidesliggende øy i det fjerne havet lå den beryktede Sjørøverøya, hvor skatter ble sagt å være begravd dypt under sanden. Øya var kjent for å være farlig og hjemsøkt, men det var også hjemmet til en fryktløs sjørøverkaptein ved navn Sverre.

Kaptein Sverre var en tøff og hensynsløs sjørøver, men han var også rettferdig og ærlig. Han hadde en skattkart som angivelig viste vei til den mest legendariske skatten av alle, "Sjørøverkongens Rikdom." Kapteinen drømte om å finne denne skatten og gi den tilbake til folket som hadde lidd under sjørøvernes herjinger i årevis.

En dag, mens kaptein Sverre og hans mannskap lette etter spor av skatten, oppdaget de et gammelt skipsvrak som hadde blitt strandet på øya. De fant en tilsynelatende gammel og forlatt kiste ombord. Men da de åpnet kisten, fant de noe uventet - en ung, ensom sjørøvergutt ved navn Leo.

Leo hadde blitt forlatt av sitt tidligere sjørøvercrew og hadde ingen steder å dra. Kaptein Sverre, med sitt ærlige hjerte, bestemte seg for å ta seg av den unge gutten. Han lærte ham sjørøverfaget og ga ham en ny sjanse i livet.

Sammen med Leo på laget sitt fortsatte kaptein Sverre jakten på "Sjørøverkongens Rikdom." De overvant farlige hindringer, stod opp mot rivaliserende sjørøvere og løste gåter som skulle føre dem til skatten.

Til slutt, etter mange eventyr og utfordringer, fant de skattens skjulested. Men da de åpnet skattekisten, ble de overrasket. I stedet for gull og juveler fant de gamle bøker, kart og kunstverk - en kulturell skatt som hadde blitt plyndret fra landsbyer langs sjørøvernes vei.

Kaptein Sverre forsto at denne skatten var like verdifull som gull, om ikke mer. Han bestemte seg for å returnere de stjålne gjenstandene til de berørte landsbyene og bruke resten av sitt liv på å hjelpe folk istedenfor å plyndre dem.

Leo og kaptein Sverre ble ærede sjørøvere, som gikk ned i historien for å ha funnet den sanne skatten - vennskap, rettferdighet og en ny begynnelse.

Captain Sverre and the Treasure on Pirate Island

On a remote island in the distant sea lay the infamous Pirate Island, where treasures were said to be buried deep beneath the sand. The island was known to be dangerous and haunted, but it was also home to a fearless pirate captain named Sverre.

Captain Sverre was a tough and ruthless pirate, but he was also fair and honest. He had a treasure map that supposedly led the way to the most legendary treasure of all, the "Pirate King's Riches." The captain dreamed of finding this treasure and giving it back to the people who had suffered from pirate raids for years.

One day, while Captain Sverre and his crew searched for clues to the treasure, they discovered an old shipwreck stranded on the island. They found what appeared to be an old and abandoned chest on board. However, when they opened the chest, they found something unexpected - a young, lonely pirate boy named Leo.

Leo had been abandoned by his former pirate crew and had nowhere to go. Captain Sverre, with his honest heart, decided to take care of the young boy. He taught him the ways of piracy and gave him a fresh start in life.

Together with Leo on his crew, Captain Sverre continued the quest for the "Pirate King's Riches." They overcame perilous obstacles, stood up to rival pirates, and solved riddles that would lead them to the treasure.

In the end, after many adventures and challenges, they found the hiding place of the treasure. But when they opened the treasure chest, they were surprised. Instead of gold and jewels, they found old books, maps, and artworks - a cultural treasure that had been plundered from villages along the pirates' path.

Captain Sverre realized that this treasure was as valuable as gold, if not more. He decided to return the stolen items to the affected villages and spend the rest of his life helping people instead of plundering them.

Leo and Captain Sverre became honored pirates, remembered in history for finding the true treasure - friendship, justice, and a fresh start.

Den Magiske Lommeklokken

I en søvnig landsby ved foten av et majestetisk fjell, bodde en ung gutt ved navn Lukas. Lukas var kjent for å være nysgjerrig og eventyrlysten. En dag, mens han utforsket skogen nær landsbyen, kom han over en gammel butikk som hadde den merkeligste samlingen av klokker.

Butikkens eier, en eldre mann ved navn Herr Oskar, hadde alltid vært fascinert av tiden. Han hadde samlet klokker fra hele verden, og i hjørnet av butikken hans var det en spesiell lommeklokke som han sa hadde en magisk kraft.

Herr Oskar fortalte Lukas historien om lommeklokken. Han sa at klokken kunne stoppe tiden for den som eide den, men at denne kraften måtte brukes med forsiktighet og med et godt hjerte.

Intrigert av historien, spurte Lukas om han kunne få kjøpe lommeklokken. Herr Oskar nikket, smilte lurt og solgte den til ham.

Lukas gikk tilbake til landsbyen med den magiske lommeklokken og begynte å utforske dens krefter. Han oppdaget at når han trykket på klokken, stoppet tiden rundt ham. Dette ga ham muligheten til å utforske verden utenfor landsbyen og lære nye ting.

Men Lukas brukte også klokken til gode gjerninger. Han hjalp folk som var i nød, reparerte ødelagte ting og reddet dyr i fare.

Folk i landsbyen begynte å lure på hvordan Lukas alltid kom til rett tid for å hjelpe.

En dag, da landsbyen sto overfor en alvorlig krise, brukte Lukas lommeklokken sin til å stoppe tiden og finne en løsning. Han samlet folkene i landsbyen og fant en måte å løse problemene på.

Da tiden begynte å flyte igjen, var landsbyen trygg og harmonisk takket være Lukas og hans magiske lommeklokke. Han forstod at tiden var dyrebar, men at det som virkelig betydde noe, var hvordan man brukte den til å hjelpe andre.

Fra den dagen ble Lukas kjent som "Tidshelten," og han fortsatte å bruke sin magiske lommeklokke til å bringe glede og hjelp til folk i nød.

The Magical Pocket Watch

In a sleepy village at the foot of a majestic mountain, lived a young boy named Lukas. Lukas was known for being curious and adventurous. One day, while he was exploring the forest near the village, he stumbled upon an old shop that had the most peculiar collection of watches.

The shop's owner, an elderly man named Mr. Oskar, had always been fascinated by time. He had gathered watches from all over the world, and in the corner of his shop was a special pocket watch that he claimed had a magical power.

Mr. Oskar told Lukas the story of the pocket watch. He said that the watch could stop time for its owner but that this power must be used with care and a kind heart.

Intrigued by the story, Lukas asked if he could purchase the pocket watch. Mr. Oskar nodded, smiled knowingly, and sold it to him.

Lukas returned to the village with the magical pocket watch and began to explore its powers. He discovered that when he pressed the watch, time around him would stop. This gave him the opportunity to explore the world beyond the village and learn new things.

But Lukas also used the watch for good deeds. He helped people in need, fixed broken things, and rescued animals in danger. The people in the village began to wonder how Lukas always arrived at the right time to help.

One day, when the village faced a serious crisis, Lukas used his pocket watch to stop time and find a solution. He gathered the villagers and figured out a way to address the problems.

When time began to flow again, the village was safe and harmonious thanks to Lukas and his magical pocket watch. He understood that time was precious, but what truly mattered was how one used it to help others.

From that day on, Lukas became known as the "Time Hero," and he continued to use his magical pocket watch to bring joy and assistance to people in need.

Den Magiske Ballongen

I en stille landsby ved foten av en majestetisk dal, bodde en ung jente ved navn Sara. Sara var kjent for sin fantasi og kreativitet. Hun tilbrakte mange timer hver dag ute i naturen, der hun utforskede skogen og lekte med vennene sine.

En dag, mens hun vandret langs en sti i skogen, fant Sara en mystisk ballong som hang fra en gren. Den var ikke som noen ballong hun hadde sett før. Den var fylt med glitrende stjerner og hadde et skinnende bånd som glødet i alle farger.

Sara bestemte seg for å ta ballongen med seg hjem. Da hun berørte den, ble hun omgitt av en følelse av magi og eventyr. Ballongen svarte på hennes tanker og ønsker. Hvis hun ønsket å fly, ville ballongen ta henne til himmelen. Hvis hun ønsket å utforske havet, ville ballongen sveve over bølgene.

Sara delte oppdagelsen sin med vennene sine, og sammen dro de på fantastiske eventyr ved hjelp av den magiske ballongen. De fløy over fjelltopper, besøkte eksotiske øyer og møtte magiske skapninger fra eventyrene sine.

Men Sara forsto raskt at ballongen hadde mer å tilby enn bare eventyr. Den hadde også kraften til å spre glede og magi til landsbyen sin. Sara og vennene hennes brukte ballongen til å dekorere landsbyen med glitrende stjerner og fargerike bånd, og de arrangerte magiske forestillinger som fylte folk med undring og latter.

Ord om den magiske ballongen spredte seg, og folk fra fjerne steder kom for å se dens magi. Sara og vennene hennes ble kjent som de "Magiske Ballongmesterne."

Men en dag, da ballongen ble skadet under et av eventyrene, ble Sara trist. Hun innså at ballongen hadde gjort så mye for landsbyen og vennene hennes, og nå var den ødelagt. Men så skjedde noe utrolig. Ballongen glødet sterkt og forvandlet seg til en stjerne på himmelen, hvor den ville skinne evig.

Sara og vennene hennes visste nå at ballongen hadde returnert til himmelen, hvor den kunne spre sin magi over hele verden. De lærte at magi kan finnes overalt, selv i de minste øyeblikkene og de mest uventede stedene.

The Magical Balloon

In a quiet village at the foot of a majestic valley, lived a young girl named Sara. Sara was known for her imagination and creativity. She spent many hours each day outdoors, exploring the forest and playing with her friends.

One day, while she was wandering along a path in the forest, Sara discovered a mysterious balloon hanging from a branch. It was unlike any balloon she had ever seen before. It was filled with sparkling stars and had a shiny ribbon that glowed in all colors.

Sara decided to take the balloon home with her. When she touched it, she was surrounded by a feeling of magic and adventure. The balloon responded to her thoughts and wishes. If she wanted to fly, the balloon would take her to the sky. If she wanted to explore the sea, the balloon would float over the waves.

Sara shared her discovery with her friends, and together, they went on incredible adventures with the magical balloon. They flew over mountaintops, visited exotic islands, and met magical creatures from their own stories.

But Sara quickly realized that the balloon had more to offer than just adventure. It also had the power to spread joy and magic to her village. Sara and her friends used the balloon to decorate the village with sparkling stars and colorful ribbons, and they staged magical performances that filled people with wonder and laughter.

Word of the magical balloon spread, and people from distant places came to witness its magic. Sara and her friends became known as the "Masters of the Magical Balloon."

However, one day, when the balloon got damaged during one of their adventures, Sara felt sad. She realized that the balloon had done so much for her village and her friends, and now it was broken. But something incredible happened. The balloon glowed brightly and transformed into a star in the sky, where it would shine forever.

Sara and her friends now knew that the balloon had returned to the sky, where it could spread its magic all over the world. They learned that magic can be found everywhere, even in the smallest moments and the most unexpected places.

Den Magiske Regnbuen

I en fargerik dal, omgitt av frodige enger og høye fjell, bodde en liten jente ved navn Emma. Emma var kjent i dalen for sin kjærlighet til regnbuer. Hun elsket å se på dem når de strakte seg over himmelen etter en regnskur, og hun samlet på regnbuefargede ting som hun fant i naturen.

En dag, mens Emma utforsket skogen, hørte hun en mystisk sang som kom fra dypt inne i skogen. Hun fulgte sangen og oppdaget en skjult kilde med klart, gnistrende vann. I vannet speilet seg en praktfull regnbue, men det var noe spesielt med denne regnbuen - den var levende!

Emma var fascinert og prøvde å berøre regnbuen. Med ett hoppet hun inn i den, og øyeblikkelig ble hun tatt med til en magisk verden hvor regnbuer styrte alt. Regnbuen som hadde ført henne hit, var levende og kunne snakke.

Regnbuen fortalte Emma at hun var valgt til å være beskytteren av regnbuer i denne fantastiske verdenen. Emma lærte at regnbuene her hadde magiske krefter som kunne bringe glede, håp og kjærlighet til mennesker i hennes egen verden.

Sammen med den levende regnbuen begynte Emma sitt arbeid som regnbuebeskytter. Hun spredte regnbuens magi til landsbyen sin, og snart begynte folk å oppleve fantastiske ting. Blomster blomstret i enda vakrere farger, barn lo og lekte mer, og solnedgangene var som levende malerier på himmelen.

Men en dag kom en ond trollmann til dalen. Han ønsket å stjele regnbuens magi for seg selv og bruke den til onde formål. Emma og regnbuen måtte stoppe ham for enhver pris.

Sammen med sin magiske venn brukte Emma regnbuens kraft til å beseire trollmannen og sende ham til en verden hvor han kunne lære om kjærlighet og godhet. Dalen ble trygg, og regnbuens magi fortsatte å spre glede og håp.

Emma fortsatte sitt arbeid som regnbuebeskytter og besøkte den magiske regnbueverdenen når hun trengte hjelp og inspirasjon. Hun visste at kjærligheten og fargene i livet kunne forandre verden, både i hennes egen dal og i den magiske verdenen bak regnbuen.

The Magical Rainbow

In a colorful valley, surrounded by lush meadows and towering mountains, lived a little girl named Emma. Emma was known in the valley for her love of rainbows. She adored watching them arch across the sky after a rain shower and collected rainbow-colored treasures she found in nature.

One day, while Emma was exploring the forest, she heard a mysterious song coming from deep within the woods. She followed the song and discovered a hidden spring with crystal-clear, sparkling water. Reflected in the water was a magnificent rainbow, but there was something special about this rainbow - it was alive!

Emma was fascinated and tried to touch the rainbow. With a leap, she jumped into it, and instantly, she was transported to a magical world where rainbows ruled everything. The rainbow that had brought her here was alive and could speak.

The rainbow told Emma that she had been chosen to be the guardian of rainbows in this fantastical realm. Emma learned that the rainbows here had magical powers that could bring joy, hope, and love to people in her own world.

Together with the living rainbow, Emma began her work as a rainbow guardian. She spread the rainbow's magic to her village, and soon, people began to experience wondrous things. Flowers bloomed in even more beautiful colors, children laughed and played more, and sunsets were like living paintings in the sky.

But one day, an evil wizard arrived in the valley. He wanted to steal the rainbow's magic for himself and use it for wicked purposes. Emma and the rainbow had to stop him at any cost.

Together with her magical friend, Emma used the rainbow's power to defeat the wizard and send him to a world where he could learn about love and goodness. The valley was safe, and the rainbow's magic continued to spread joy and hope.

Emma continued her work as a rainbow guardian and visited the magical rainbow world whenever she needed help and inspiration. She knew that love and the colors of life could change the world, both in her own valley and in the magical world behind the rainbow.

Den Modige Småskogen

I en bortgjemt del av en majestetisk skog levde en gruppe små skoger som var kjent som "De Modige Småskogen." De var små, men deres hjerte var stort, og de hadde en urokkelig tapperhet.

I mange år hadde skogen blitt befolket av fryktelige monstre og skumle skapninger som holdt skogens dyr fanget i redsel. Ingen hadde turt å utfordre disse skapningene før, men Småskogen kunne ikke lenger se på når uskyldige skapninger led.

En av de modigste skogene, en ung eik som het Eirik, tok ledelsen. Han organiserte de andre småskogene, og de begynte å trene og forberede seg på kamp mot monstrene som plaget skogen.

Det var ikke enkelt. De små skogene måtte lære å stole på hverandre og samarbeide som et team. De trente dag og natt, og Eirik lærte dem viktigheten av mot, tålmodighet og vennskap.

Til slutt, da de følte seg sterke nok, gikk De Modige Småskogen til kamp mot monstrene. Kampen var tøff, men med sin styrke, tapperhet og sammenhold overvant de monstrene og sendte dem bort fra skogen.

De Modige Småskogen hadde reddet skogen fra mørket og brakt tilbake lyset. De ble feiret som helter blant skogens dyr, og deres navn ble hørt i hele skogen.

Men Eirik og de andre små skogene hadde lært en verdifull leksjon. De innså at det ikke er størrelsen som betyr noe, men motet og samarbeidet som gjør forskjell. De fortsatte å vokse, ikke bare som skoger, men som venner som alltid ville beskytte skogen og hverandre.

The Brave Little Forest

In a remote part of a majestic forest lived a group of small trees known as "The Brave Little Forest." They were small in size, but their hearts were big, and they possessed unwavering courage.

For many years, the forest had been plagued by terrible monsters and menacing creatures that kept the woodland creatures in fear. No one had dared to challenge these creatures before, but The Brave Little Forest could no longer stand by while innocent creatures suffered.

One of the bravest trees, a young oak named Eirik, took the lead. He organized the other small trees, and they began to train and prepare for a battle against the monsters that haunted the forest.

It wasn't easy. The little trees had to learn to trust each other and work together as a team. They trained day and night, and Eirik taught them the importance of courage, patience, and friendship.

Finally, when they felt strong enough, The Brave Little Forest went into battle against the monsters. The fight was tough, but with their strength, bravery, and unity, they overcame the monsters and drove them away from the forest.

The Brave Little Forest had saved the woodland from darkness and brought back the light. They were celebrated as heroes among the woodland creatures, and their names echoed throughout the forest.

But Eirik and the other little trees had learned a valuable lesson. They realized that it's not the size that matters, but the courage and cooperation that make a difference. They continued to grow, not just as trees, but as friends who would always protect the forest and each other.

Den Magiske Skattekartet

I en gammel landsby ved foten av et mystisk fjell bodde en ung gutt ved navn Henrik. Henrik var kjent i landsbyen for sin nysgjerrighet og eventyrlyst. Han hadde alltid drømt om å finne en skatt som ville gjøre ham og landsbyen hans rikere enn de noensinne hadde forestilt seg.

En dag mens Henrik lekte i skogen, kom han over en gammel bok gjemt under et lag med blader og mose. Boken hadde gullkantete sider og en spesiell skinnende stein på forsiden. Da Henrik åpnet boken, fant han ut at den var et skattekart.

Skattekartet var skrevet med mystiske symboler og tegn. Henrik kunne ikke forstå alt, men han kunne tyde noen av ledetrådene. Kartet viste vei til det legendariske "Sjørøverens Gull," som hadde blitt begravd dypt i skogen av en berømt sjørøver for mange år siden.

Henrik bestemte seg for å følge kartet og finne skatten. Han forlot landsbyen og begynte sitt eventyr alene. Han fulgte kartets ledetråder, krysset elver og klatret fjell, og til slutt kom han til det stedet hvor skatten skulle være.

Men da han gravde etter skatten, fant han ikke gull og juveler. I stedet fant han en boks med bøker, gamle kart og brev. Henrik var forvirret, men da han begynte å lese brevene, innså han at dette var en skatt av en annen sort.

Brevene fortalte historien om sjørøveren som hadde gravd ned skatten. Sjørøveren hadde stjålet bøker, kart og kunstverk fra landsbyer og hadde angret på sine handlinger. Han hadde bestemt seg for å begrave skatten for å beskytte den, i håp om at noen dag ville noen finne den og returnere de stjålne skattene.

Henrik bestemte seg for å følge sjørøverens ønske. Han tok de stjålne gjenstandene med seg og brakte dem tilbake til landsbyene som hadde blitt rammet. Folkene i landsbyene ble rørt av hans ærlighet og takknemlige for at skattene endelig var returnert.

Henrik vendte tilbake til sin egen landsby, ikke som en rik mann med gull, men som en helt med et hjerte fylt av ærlighet og rettferdighet. Landsbyen feiret ham som sin sanne skatt, og han visste at den største skatten av alle var vennskap, ærlighet og medfølelse.

The Magical Treasure Map

In an ancient village at the foot of a mysterious mountain, lived a young boy named Henrik. Henrik was known in the village for his curiosity and adventurous spirit. He had always dreamt of finding a treasure that would make him and his village richer than they had ever imagined.

One day, while Henrik was playing in the forest, he stumbled upon an old book hidden beneath a layer of leaves and moss. The book had gold-edged pages and a special shining gem on its cover. When Henrik opened the book, he discovered that it was a treasure map.

The treasure map was filled with mysterious symbols and signs. Henrik couldn't understand everything, but he could decipher some of the clues. The map led the way to the legendary "Pirate's Gold," which had been buried deep in the forest by a famous pirate many years ago.

Henrik decided to follow the map and find the treasure. He left the village and began his adventure alone. He followed the map's clues, crossed rivers, and climbed mountains, eventually reaching the spot where the treasure was supposed to be.

But when he dug for the treasure, he found no gold and jewels. Instead, he discovered a box filled with books, old maps, and letters. Henrik was puzzled, but as he began to read the letters, he realized that this was a different kind of treasure.

The letters told the story of the pirate who had buried the treasure. The pirate had stolen books, maps, and artworks from villages and had regretted his actions. He had decided to bury the treasure to protect it, hoping that someday someone would find it and return the stolen treasures.

Henrik decided to honor the pirate's wish. He took the stolen items with him and brought them back to the villages that had been affected. The people in the villages were moved by his honesty and grateful that the treasures were finally returned.

Henrik returned to his own village, not as a wealthy man with gold, but as a hero with a heart filled with honesty and justice. The village celebrated him as their true treasure, and he knew that the greatest treasure of all was friendship, honesty, and compassion.

Den Magiske Skogens Vokter

I en fortryllende skog dyp inne i fjellene bodde en ung jente ved navn Alva. Skogen var kjent for å være full av mystikk og magi, men også for å skjule en gammel hemmelighet. Alva hadde alltid vært fascinert av skogen og hadde drømt om å finne ut mer om dens skjulte mysterier.

En dag, mens hun utforsket skogen, støtte hun på en skjult hule. Inne i hulen fant hun en vakker, glitrende krystall som lyste opp rommet med et magisk skjær. Krystallen var omgitt av tusenvis av små gnister som svevet rundt som stjerner.

Alva visste at dette var noe spesielt, så hun tok krystallen med seg hjem. Da natten falt på, og hun holdt krystallen, følte hun en bølge av magi strømme gjennom seg. Hun kunne plutselig forstå skogens språk og kommunisere med dyrene som bodde der.

Dyrene i skogen fortalte Alva om en gammel legende. Skogen hadde en vokter som hadde beskyttet dens skjulte hemmelighet i generasjoner. Men nå var vokteren borte, og skogens magi var i fare.

Alva bestemte seg for å ta på seg rollen som skogens vokter og beskytte dens magi. Hun brukte krystallen til å lære dyrene og trærne i skogen hvordan de kunne samarbeide for å bevare dens skjulte skatter.

Sammen med skogens vesener forhindret Alva krypskyttere og tømmerhoggere fra å skade skogen. De skapte en magisk barriere for å beskytte skogens hemmelighet og lot bare de som hadde et hjerte fylt av respekt og kjærlighet for naturen, få tilgang.

Årene gikk, og Alva ble kjent som "Skogens Vokter." Hun hadde lært at skogens magi var ikke bare i dens skatter, men også i samhørigheten og omsorgen for alt som levde der.

Skogen forble en magisk og trygg plass takket være Alvas innsats. Hun hadde funnet sin skjebne som vokter av en av verdens mest magiske steder, og hennes navn ville leve videre i skogens sanger og historier.

The Guardian of the Magical Forest

In an enchanting forest deep within the mountains lived a young girl named Alva. The forest was known to be full of mystery and magic, but also for hiding an ancient secret. Alva had always been fascinated by the forest and had dreamt of uncovering more about its hidden mysteries.

One day, while she was exploring the forest, she stumbled upon a hidden cave. Inside the cave, she found a beautiful, sparkling crystal that illuminated the room with a magical glow. The crystal was surrounded by thousands of tiny sparks that floated around like stars.

Alva knew this was something special, so she brought the crystal home with her. As night fell, and she held the crystal, she felt a wave of magic flow through her. She could suddenly understand the language of the forest and communicate with the animals that lived there.

The forest animals told Alva about an ancient legend. The forest had a guardian who had protected its hidden secret for generations. But now, the guardian was gone, and the forest's magic was in danger.

Alva decided to take on the role of the forest's guardian and protect its magic. She used the crystal to teach the animals and trees in the forest how to cooperate to preserve its hidden treasures.

Together with the forest creatures, Alva prevented poachers and loggers from harming the forest. They created a magical barrier to protect the forest's secret and allowed only those with a heart filled with respect and love for nature to access it.

Years went by, and Alva became known as "The Guardian of the Forest." She had learned that the forest's magic was not only in its treasures but also in the unity and care for everything that lived there.

The forest remained a magical and safe place thanks to Alva's efforts. She had found her destiny as the guardian of one of the world's most magical places, and her name would live on in the forest's songs and stories.